Michael Heinen-Anders

Kapitalneutralisierung als Dreigliederungsaufgabe – Eine interdisziplinäre betriebswirtschaftliche Studie -

4

Neuauflage

Herstellung und Verlag: BoD - Books on Demand,
Norderstedt
www.bod.de

ISBN **9783848224890**

Vorwort zur Neuauflage

Im Rahmen einer notwendigen Rekonstruktion[1]
der Betriebswirtschaftslehre[2],
auch angesichts der herrschenden Finanzkrise,
welche die Frage nach der Bedeutung und
Herkunft des Kapitals[3] erneut vehement aufwirft,
wird hiermit eine interdisziplinäre[4]
wissenschaftliche Arbeit aus dem Jahre 1985 –

---

[1] Jürgen Habermas: Zur Rekonstruktion des Historischen
Materialismus, Frankfurt/M. 1976
[2] Ekkehard Kappler: Die Wiedergewinnung der Möglichkeit –
Rekonstruktion als wissenschaftlicher Beitrag zur Überwindung von
Stagnation. In: Pack / Börner (Hg.): Betriebswirtschaftliche
Entscheidungen bei Stagnation, Wiesbaden 1984, S. 303 - 314
[3] Sönke Hundt: Zur Theoriegeschichte der Betriebswirtschaftslehre,
Köln 1977; Zeitschrift DIE DREI 2/2007: Die Zähmung des Geldes
– Aufgaben einer modernen Kapitalwirtschaft;
Sozialwissenschaftliches Forum, Band 5: Eigentum – Die Frage nach
der Sozialbindung des Eigentums an Boden und Unternehmen,
Stuttgart 2000
[4] Eine Eigentümlichkeit der Betriebswirtschaftslehre ist ja, dass sie
sich nicht rein ökonomisch-theoretisch begreifen lässt, wie etwa die
Volkswirtschaftslehre. Daher ist die Theoriebildung in der
Betriebswirtschaftslehre interdisziplinär angelegt. „Wir wissen ja,
dass in der sozialen Struktur die ökonomischen Gesetze leben, und
dass diese ökonomischen Gesetze beherrscht werden müssen. Von
demjenigen, der als Gesetzgeber oder als Staatsmann tätig ist oder
auf irgend einem Gebiete als Leiter irgendeines Unternehmens, das
sich eben in die soziale Struktur des Gesamtlebens hineinstellt, von
ihnen allen muss dasjenige gestaltet werden, was in ökonomischer
Gesetzmäßigkeit sich auslebt." (Rudolf Steiner: Die Ergänzung
heutiger Wissenschaften durch Anthroposophie, GA 73, TB-
Ausgabe, Dornach b. Basel 1988, S. 196

erneut der interessierten Fachöffentlichkeit zugänglich gemacht. Der Text wurde dabei – soweit sinnvoll und vertretbar – aktuell ergänzt und erweitert.

Mit der Neutralisierung des Kapitals soll im Grunde das gesellschaftlich vorherrschende Nutzungsmuster des Kapitals entkräftet werden; den individuellen Genusserwartungen des Kapitaleigentümers soll ein Schnippchen geschlagen werden. Die Folge: „Das Kapital gehört sozusagen sich selbst." [5]

In der Folge wäre eine Spekulation mit den Kapitalwerten, die niemandem gehören, außer sich selbst, sinnlos.

Allerdings gelingt eine solche Reform auch nur dann, wenn eine Idee aus einem Guss dahintersteht. Solch eine Idee stellt

---

[5] A. Höland: Eine Bewegung sucht ihre Form, in: Kritische Justiz, 1/1985, S. 8. „Kurz gesagt, der Unternehmer ist ‚Verantwortungseigentümer' der Produktionsmittel, während er das Unternehmen leitet; danach geht dieses ‚Eigentum' an seinen Nachfolger über." Wilhelm Schmundt: Der soziale Organismus und sein Krankheits-zustand, in: Derselbe: Zwei Grundprobleme des 20. Jahrhunderts, Argental – Wangen 1988, S. 55. „Die Erfolge der Eroberer und der Finanzgenies, der Millionäre und Milliardäre sind bei aller ihrer Macht über die Menschen nichts gegen die Wirkung, die ein einziger großer Gedanke ausübt, wenn seine Zeit gekommen ist. Er springt wie ein Funke in die Welt, verbreitet sich stetig und unwiderstehlich – mit der Kraft eines Elementarereignisses; nichts und niemand kann ihn mehr ungeschehen machen." Hans Georg Schweppenhäuser: Das kranke Geld, Frankfurt a. M. 1982, S. 219

eindeutig die ‚Dreigliederung des sozialen Organismus'[6] dar.

Köln, 20.02.2013

Michael Heinen-Anders
- Diplom-Ökonom –

---

[6] Ein erster Gesamtüberblick kann dem Werk von Dieter Brüll: Der anthroposophische Sozialimpuls, Schaffhausen 1984, entnommen werden.

Inhaltsverzeichnis:

1. Dreigliederung als Leitlinie
1.1. Die Ideen der französischen Revolution

Bereits in der Devise der französischen Revolution: Freiheit, Gleichheit, Brüderlichkeit klingt an, was als Unbewusstes in den Ideen der sozialen Bewegung[7] lebt: die Dreigliederung des sozialen Organismus[8]. Spätestens seit den 1919 zuerst veröffentlichten Untersuchungen Rudolf Steiners[9] kann die soziale Dreigliederung als bewusste Erkenntnispraxis gelten[10].
In dieser sind die Freiheit als Ziel des Geisteslebens[11], die Gleichheit als Ziel des politischen Rechtslebens und die Brüderlichkeit als Ziel des Wirtschaftslebens als Gestaltungsprinzipien durchgeführt und

---

[7] Vgl. Stefan Leber: Selbstverwirklichung, Mündigkeit, Sozialität, Frankfurt a. M. 1982, S. 41
[8] Ebenda, S. 23 f.
[9] Rudolf Steiner: Die Kernpunkte der sozialen Frage, GA 23, Dornach b. Basel 1973
[10] Vgl. auch Heinz Kloss: Soziale Dreigliederungsgedanken außerhalb der Anthroposophie, in: R. Giese (Hg.): Sozial handeln – aus der Erkenntnis des sozial Ganzen, Rabel 1980, S. 83 - 89
[11] Kultur, Bildung und Wissenschaft

damit überhaupt auf eine konkrete
Grundlage gestellt worden, nämlich:
Selbstverwaltung für das Geistesleben,
Demokratie für das politische
Rechtsleben und Sozialismus[12] für das
Wirtschaftsleben[13].

1.2. Die Methode Goethes als Wegweiser

Dies bedeutet nicht, der Wirklichkeit
eine ausgedachte Utopie überzustülpen,
sondern heißt Wesenserkenntnis
ohnehin schon vorhandener
Wirkungsweisen nach dem Gesetz von
Polarität und Steigerung, das Goethe

---

[12] Da die Bedeutung des Wortes ‚Sozialismus' durch Ideologisierung
verzerrt wurde, benutzten viele Autoren andere Benennungen (vgl.
z.B. Stefan Leber: Selbstverwirklichung, Mündigkeit, Sozialität,
Frankfurt a. M 1982, S. 50). Der Sinn, damit planerische und
kooperative Elemente des dahinterstehenden assoziativen
Wirtschafts-systems (vgl. Hans Georg Schweppenhäuser: Was ist
eine Assoziation? In: Soziale Zukunft, 3. Jg., Nr. 10/11/12, S. 133 –
138) auszudrücken bleibt gleichwohl unbenommen. - Anders
hingegen Wilfried Heidt: „Erst die privatkapitalistischen Eigentums-
und Profitprinzipien – zwei dem modernen ökonomischen
Geschehen eigentlich ganz wesenswidrige Elemente – machen aus
dem an sich brüderlichen (sozialistischen) Vorgang des
arbeitsteiligen Wirtschaftens der neueren Zeit jenes bekannte System
des egoistischen Sozialdarwinismus (Kampf aller gegen alle)."
Wilfried Heidt: Der dritte Weg, Achberg 1974, S. 59
[13] Vgl. Rudolf Steiner: Die Erziehungsfrage als soziale Frage, GA
296, Dornach b. Basel 1960, S. 16

als maßgeblich für die Morphologie[14]
erkannte: „...wir machen...auf eine
höhere Maxime des Organismus
aufmerksam, die wir folgendermaßen
aussprechen. Jedes Lebendige ist kein
Einzelnes, sondern eine Mehrheit,....Je
unvollkommener das Geschöpf ist,
desto mehr sind diese Teile einander
gleich oder ähnlich und desto mehr
gleichen sie dem Ganzen. Je
vollkommener das Geschöpf wird,
desto unähnlicher werden die Teile
einander....Die Subordination der Teile
deutet auf ein vollkommenes
Geschöpf."[15]
Steiner bezieht diese Vorstellung
unmittelbar auf den sozialen Organismus, indem er sagt: „Die
Auseinanderspaltung ist eigentlich
immer da; es handelt sich nur darum,
dass man findet wie die drei Glieder
zusammen gebracht werden können, so
dass sie nun tatsächlich im sozialen
Organismus mit einer solchen inneren

---

[14] Vgl. Friedrich Hiebel: Goethe. Die Erhöhung des Menschen,
Frankfurt a. M. 1982, S. 205; Rudolf Steiner: Nationalökonomisches
Seminar, GA 341, Dornach b. Basel 1973, S. 39
[15] Johann Wolfgang von Goethe: Schriften zur Naturwissenschaft,
Stuttgart 1977, S. 48 f.

Vernunft wirken, wie, sagen wir, das
Nerven-Sinnes-System, das Herz-
Lungen-System und das
Stoffwechselsystem im menschlichen
Organismus wirken".[16]

1.3. Anknüpfungspunkte der Gegenwart

Hier und da sind derartige Gedanken
(zu Teilbereichen) auch in der
Gegenwart vertreten.[17] Es käme darauf
an, sich solcher Tendenzen bewusst zu
werden und die wegweisenden
Gedanken von irreführenden,
fehlerhaften Ausgestaltungen zu
befreien, um praktische Wirksamkeit
entfalten zu können. So fern auch eine

---

[16] Rudolf Steiner: Nationalökonomischer Kurs, GA 340, Dornach b.
Basel 1979, S. 154. Die im dreigliedrigen menschlichen Organismus
unbewusst wirkende innere Vernunft ist Vorbild des gesunden
sozialen Organismus. Nur muss diese dort bewusst werden (vgl.
Stefan Leber: Selbstverwirklichung, Mündigkeit, Sozialität,
Frankfurt am Main 1982, S. 55 ff).
[17] Vgl. Heinz Kloss: Vier westdeutsche Anläufe zur Verwirklichung
des Gedankens einer funktionalen Selbstverwaltung, in:
BAUSTEINE, 9. Jg., Heft ½, S. 19 – 30; D. J. Weder: Neuer Kurs
auf altem Pfad? In: BAUSTEINE, 9. Jahrgang, Heft ½ , S. 7 – 12;
Christoph Strawe: Dreigliederung kontrovers – Impulse der sozialen
Dreigliederung im 20. und 21. Jahrhundert, in: SOZIALIMPULSE,
20. Jg., Heft 1, März 2009, S. 5 - 18

praktische Verwirklichung des
Dreigliederungsgedankens für die
Gesellschaft zur Zeit liegen mag, so
nahe liegen die Möglichkeiten auf
einzelnen Gebieten wegweisendes
durchzuführen, um daran die
Richtigkeit der Methode demonstrieren
zu können und das in ihr wirkende
Fruchtbare wie einen Hinweis auf
sozialem Gebiet erscheinen zu lassen.[18]
Eines dieser Gebiete ist das der
Kapitalneutralisierung.
Hier liegen zahlreiche Hinweise von
Rudolf Steiner vor[19].
Nach seinem Tode im Jahre 1925
wurde dieses Thema Gegenstand
sozialwissenschaftlicher Forschung und
Praxis[20].

[18] Hier ist gewiss auch ein Hinweis auf Matthäus 7,16 angebracht:
„An ihren Früchten sollt ihr sie erkennen".
[19] Eine Zusammenstellung findet sich in der Zeitschrift ‚Soziale
Zukunft' (vgl. Rudolf Steiner: Zur Frage des Eigentums, in: Soziale
Zukunft, 3. Jg., Nr. 8/9, S. 104 – 105).
[20] Vgl. Folkert Wilken: Praktische Überlegungen zur Neutralisierung
des Kapitals, in: Soziale Zukunft, 3. Jg. Nr. 10/11/12, S. 138 – 140;
Folkert Wilken: Die Befreiung der Arbeit, Freiburg i. Br. 1965, S. 46
ff; R. Giese: Interessengemeinschaft (IG) Dritter Weg –
Unternehmensverband, in: derselbe (Hg.): Sozial handeln aus der
Erkenntnis des sozial Ganzen, Rabel 1980, S. 254 – 259; Ramon
Brüll: Auf dem Wege zum neutralisierten Kapitaleigentum, in
Zeitschrift INFO 3, Nr. 8/1984, S. 19 – 21; Christoph Strawe:
Marxismus und Anthroposophie, Stuttgart 1986, S. 225 – 228. Auch

2. Unternehmenskapital und Kapitalneutralisierung

2.1. Kapitalbegriff und Methode

Das Kapital hat drei Bedeutungen: Einmal erscheint es als Realkapital (verdinglichtes Kapital), dann als geistiges Kapital (Fähigkeitskapital) und schließlich als Eigentum[21] am Kapital.
Diese drei Bedeutungen gilt es zunächst einmal, auch in ihrer Auswirkung auf den Unternehmensablauf, näher zu betrachten. Als methodische Grundlage dient dabei die charakterisierende

außerhalb anthroposophischer Kreise wurde die Kapitalneutralisierung zum Gegenstand des wissenschaftlichen Interesses, vgl.: Matthias Neuling: Rechtsformen für alternative Betriebe, (Dissertation an der Universität Bremen) Hamburg 1985; Joseph Huber: Kapital-Neutralisierung und Demokratisierung der Verfügung, in: derselbe/Jiri Kosta (Hg.): Wirtschaftsdemokratie in der Diskussion, Köln – Frankfurt a. M. 1978, S. 177; Joseph Huber: Technokratie und Menschlichkeit, Achberg 1978, S. 139 ff; Ota Sik: Humane Wirtschaftsdemokratie, Hamburg 1979, S. 398 ff; F. H. Blum: Work and Community, London 1968; S. 65 ff.
[21] Auch das Eigentum am Kapital selbst lässt sich dreigliedrig betrachten, vgl. Heidjer Reetz: Das Kapital und das dreigliedrige Eigentum. Ideen zur sozialen Architektur, in: DIE DREI, Nr. 2/2007, S. 25 – 37. Dieser Aspekt wird hier später behandelt.

Methode, die Rudolf Steiner wie folgt begründet: „Soll man ins Praktische eingreifen, so muß man bereit sein, seine Begriffe fortwährend zu modifizieren. Man hat es nicht mit Substanz zu tun, die man plastisch bilden kann, sondern mit lebendigen Menschen. Und das ist das, was die Volkswirtschaftslehre zu einer Wissenschaft besonderer Art macht, weil sie durchdrungen sein muß von der Wirklichkeit."[22] Dies gilt m.E. erst recht für die Betriebswirtschaftslehre.

2.2. Die drei Bedeutungen des Kapitals
2.2.1. Realkapital (verdinglichtes Kapital)

Man stelle sich einmal eine statische Betriebswirtschaft vor. Werkzeuge und sonstige Kapitalien seien schon vorhanden, ebenso ausreichende Hilfsmittel und genügend große repetitive Arbeitskraft (in Japan gibt es übrigens bereits die vollautomatische Automobil-

---

[22] Rudolf Steiner, Nationalökonomisches Seminar, GA 341, Dornach b. Basel 1973, S. 14

fabrik, so dass es hier auf eine spezifisch menschliche Arbeitsleistung nicht länger ankommen muß). Und man stelle sich diese statische Betriebswirtschaft als immerwährend produzierend vor.

Wa wäre das Gespenstische daran? Es wäre das Fehlen, die Abwesenheit jeglicher Entwicklung.[23]

Nimmt man jedoch einen realen Produktionsprozeß, so unterliegt dieser bei bloß reproduktiver Tätigkeit starken äußeren Einflüssen der Abnutzung und Alterung und damit der permanenten Entwertung.

Diese wird im Unternehmen in der bilanziellen und kalkulatorischen Abschreibung erfasst.[24]

Denkt man sich das Absatzgeschehen hinzu, so bestünde dort vermutlich innerhalb kürzester Zeit[25] ebenfalls eine

---

[23] Vgl. Folkert Wilken: Die Befreiung der Arbeit, Freiburg i. Br. 1965, S. 24

[24] Vgl. Edmund Heinen: Betriebswirtschaftliche Kostenlehre, Wiesbaden 1978, S. 62; L. Haberstock: Grundzüge der Kosten und Erfolgsrechnung, München 1982, S. 72

[25] Diese Zeit kann kürzer oder länger sein, vgl. dazu auch den Begriff des Lebenszyklusses eines Produktes, ausgeführt bspw. bei Philip Kotler: Marketing-Management, Stuttgart 1982, S. 299 ff

fallende Tendenz.[26]
Auch diese deutet auf ein Fehlendes hin.[27]

2.2.2. Fähigkeitskapital und Unternehmensorganisation

In der Anordnung der Produktion, in der Faktorkombination[28] zeigt sich die Unternehmensleitung. Was aber vermag diese ohne die zahlreichen spezialisierten Fähigkeiten der Mitarbeiter, ohne die der Gesellen und Meister? Nichts![29] So drückt sich in diesen Fähigkeiten das eigentliche, geistige Kapital der Unternehmung aus[30]. Sowohl die Organisierenden, wie

---

[26] Bei fallender Qualität der Produktion und stagnierenden Verkaufspreisen.

[27] Vgl. z.B. auch den Ansatz der Organisationsentwicklung, ausgeführt beispielsweise bei F. Glasl/B. Lievegoed: Dynamische Unternehmensentwicklung, Bern – Stuttgart – Wien 1993, S. 9 ff

[28] Vgl. Erich Gutenberg: Grundlagen der Betriebswirtschaftslehre I, Produktion, Berlin – Heidelberg – New York 1976, S. 299

[29] Vgl. Hans Georg Schweppenhäuser: Macht des Eigentums, Stuttgart 1970, S. 28

[30] Auch der Künstler Joseph Beuys hat sich mit dieser Frage eingehend befasst: „Ab 1972 wurde das für Joseph Beuys die Schlüsselfrage. Im Zuge dieser Frage stiess er auf den Zentralbegriff des Wirtschaftswesens, der sich ihm völlig neu erschloss: das ‚wahre Kapital der Gesellschaft' ist nichts anderes als die ‚menschliche

auch die unmittelbar produzierenden
Arbeitsleister verfügen mit ihren
Begabungen über das eigentliche
dynamische Kapital, ohne welches eine
betriebliche Entwicklung unmöglich
wäre. Wenn also Fähigkeiten
gleichermaßen bei Anleitenden, wie bei
Ausführenden Medium ihrer Tätigkeit
sind, muß auch dann die Hierarchie der
Über- und Unterordnung fortdauern?
"Wir leben in einer Zeit des Aufbruchs
individueller Initiativen, im Zeitalter
des ‚mündigen Bürgers' und
Mitmenschen....Wie im Osten ein
Sozialismus mit ‚menschlichem
Gesicht' gesucht wurde und wird, so

Fähigkeit', die ‚Kreativität', also genau das, was auch der
Zentralbegriff seiner Theorie der Plastik ist. Kapital ist also nicht =
Geld, sondern = Kreativität, woraus sich die Formel ergab: ‚Kunst =
Kapital'." (Johannes Stüttgen: Ökonomie/Wirtschaftsleben, in:
Beuysnobiscum: eine kleine Enzyklopädie, hrsg. von Harald
Szeemann, Amsterdam – Dresden 1997; S. 279. „Schon in der
einfachsten körperlichen Arbeit tritt die ‚Aufmerksamkeit als
Substanz des Ich' (Georg Kühlewind), die Geschicklichkeit und
Begabung des einzelnen Menschen in Aktion. So gesehen ist alle
Arbeit Geistesleben, ein radikaler Denkschritt gegenüber der Antike,
die auf die materielle Arbeit als etwas Ungeistiges herabsieht!
Steiner fasst wie Hegel den Geist vor allem als Arbeiter, setzt damit
zugleich auch die körperliche Arbeit in ihren geistigen Rang ein:
‚Jeder Mensch ein Künstler' (Joseph Beuys)." Christoph Strawe:
Freiheit: Gestaltungsprinzip des geistig-kulturellen Lebens. Teil 1:
Zur Begriffsbestimmung des Geisteslebens, in: SOZIALIMPULSE,
14. Jg., Nr. 3, Sept. 2003, S. 19

wird in der westlichen Gesellschaft
nach einer Humanisierung der
Arbeitswelt, nach einer
Gesellschaftsordnung mit dem Maße
des Menschen gesucht. Es ist deutlich
die Frage nach einem Führungs-
und Organisationskonzept gestellt, das
nicht mehr auf die elitären
Führungsleistungen einer
gesellschaftlichen Minderheit allein
abstellt.... Wir brauchen vielmehr ein
Führungs- und Organisationskonzept
neuer Art, das auf die individuelle
Initiative des einzelnen Menschen, des
‚mündigen Bürgers' abstellt und seiner
Erwartung auf Selbstbestimmung und
Selbstverwirklichung in der
Gesellschaft und mit ihrer Hilfe
entspricht."[31]
Unternehmen müssen im Rahmen
dieser Zielsetzung „...individuelle
Initiative soweit irgend möglich
fordern und zulassen,...Herrschafts-
verhältnisse und alle klassifizierenden
Unterschiede abbauen,... (und) einen
Konsensus in der Einkommensbildung,

---

[31] Benediktus Hardorp: Führung ohne Hierarchie? In: Der
Wirtschaftsprüfer als Unternehmensberater. Festschrift für Max
Horn, Ulm 1974, S. 111

in der Existenzmittel-verteilung entwickeln...."[32] Erst dann ist die Gruppe im Unternehmen in der Lage sich wirklich soziale Organe zu bilden.[33]

"Dabei muß sorgsam darauf geachtet werden, dass die Initiative des einzelnen nicht entmutigt wird oder erlahmt, daß er sie an die ‚gewählten' Organe abtritt...Das Wesen eines modernen Sozialorgans muß es vielmehr sein, für die Initiative des einzelnen die nötige Überschau, die durch ... Größenwachstum verloren ging, der veränderten Situation angemessen wieder zu schaffen."[34] Eine derartige entwicklungsgerechte Sozialverfassung muß zwangsläufig auf den von Rudolf Steiner angegebenen (meta-empirischen) sozialen Gesetzen[35]

---

[32] Ebendort, S. 111

[33] Vgl. auch: Michael Heinen-Anders/Dieter Reinartz: Selbstverwaltung als Organisationstypus, Manuskript, BUGH Wuppertal 1986

[34] Benediktus Hardorp: Elemente einer sozialen Baukunst. Ein Beitrag zum Unternehmensverständnis, in: Stefan Leber (Hg.): Der Mensch in der Gesellschaft, Stuttgart 1977, S. 52

[35] Diese Gesetze sind das ‚soziale Grundgesetz', wonach das Individuum gegenüber der Gemeinschaft in Zukunft immer stärker in seine Rechte tritt (Vgl. Rudolf Steiner: Gesammelte Aufsätze zur Kultur- und Zeitgeschichte 1887 bis 1901, GA 31, Dornach b. Basel

basieren. Deren Entwicklung bleibt aber der freien Einsicht der daran wirkenden Menschen überlassen.[36]

2.2.3. Eigentum am Kapital

Denkt man sich ein, noch dazu großes, Unternehmen in Gestalt einer Aktiengesellschaft ohne Eigentümer, so kann man dahinter vielleicht nur utopische Fabelei erblicken. Dass solch ein Unternehmen mit einem Grundkapital von (in 1978) 1200 Millionen DM[37] sich ohne Eigentümer,

---

1966, S. 253 f) und das ‚soziale Hauptgesetz': „Das Heil einer Gesamtheit von zusammenarbeitenden Menschen ist um so größer, je weniger der einzelne die Erträgnisse seiner Leistungen für sich beansprucht, das heißt, je mehr er von diesen Erträgnissen an seine Mitarbeiter abgibt und je mehr seine eigenen Bedürfnisse nicht aus seinen eigenen Leistungen, sondern aus den Leistungen der anderen befriedigt werden." (Rudolf Steiner: Geisteswissenschaft und soziale Frage, Dornach b. Basel 1982, S. 34).
[36] Vgl. Rudolf Steiner: Die Philosophie der Freiheit, TB-Ausgabe, GA 4, Dornach b. Basel 1981, S. 130 f
[37] Vgl. R. Doleschal: Zur geschichtlichen Entwicklung des Volkswagenwerks, in: derselbe/R. Dombois (Hg.): Wohin läuft VW? Reinbek b. Hamburg 1982, S. 50. – Am 31. Dezember 2007 belief sich das Grundkapital der Volkswagen AG auf über 1015 Millionen EURO, (Quelle: http://www.volkswagenag.com/vwag/gb2007/content/de/corporate_g overnance/structure_and_business_activities__part_of_the_manage ment_report_.html).

über Jahre hinweg, gut am Markt
behauptet hat, muss angesichts der
weitverbreiteten Auffassung einer
natur-notwendigen Steuerung der
Wirtschaft durch partikularistische
Eigentums- und Gewinninteressen[38],
verwundern. Und dennoch ist
dergleichen über Jahre hinweg, fast
unbemerkt von der Öffentlichkeit,
geschehen[39].
Nach dem zweiten Weltkrieg stand das
heute weltweit bekannte
Volkswagenwerk ohne Eigentümer da.
Der Staat bzw. das Land Niedersachsen
fungierten lediglich als Treuhänder[40].
"Jahrelang fand sich in der Bilanz des
Werkes ein Posten als Dividende ‚für
den, den es angeht'. Obwohl ein
solches Faktum im System des
Privatkapitalismus ein wesensfremdes
Unikum darstellte, hinderte es in keiner
Weise den phänomenalen Aufstieg

---

[38] Vgl. E. Helmstädter: Wirtschaftstheorie I, München 1979, S. 110 f
[39] Vgl. Hans Georg Schweppenhäuser: Macht des Eigentums,
Stuttgart 1970, S. 22 ff
[40] Vgl. R. Doleschal: Zur geschichtlichen Entwicklung des
Volkswagenwerks, in: derselbe/R. Dombois (Hg.): Wohin läuft VW?
Reinbek b. Hamburg 1982 , S. 47 ff

dieses Werkes."[41] Erst im Zuge der politisch-wirtschaftlichen Restauration wurde das Werk wieder kapitalistisch maskiert und in Privateigentum überführt.[42] Dennoch handelt es sich um ein Lehrbeispiel, das beweist, dass Eigentum in der Rechtssetzungsgestalt des BGB § 903[43] keine notwendige Voraussetzung eines nichtzentralistischen (bzw. nicht staatssozialistischen) Wirtschaftssystems ist. Der Produktionsmitteleigentümer hat das alleinige Verfügungsrecht (von Sonderfällen abgesehen) über das (aktivische) Vermögen, besitzt jedoch meist nur eine Minorität am gesamten

---

[41] Hans Georg Schweppenhäuser: Macht des Eigentums, Stuttgart 1970, S. 22
[42]. Vgl. R. Doleschal: Zur geschichtlichen Entwicklung des Volkswagenwerks, in: derselbe/R. Dombois (Hg.): Wohin läuft VW? Reinbek b. Hamburg 1982,47 ff
[43] Vgl. auch Christoph Strawe: Sozialbindung des Eigentums. Das Spannungsverhältnis zwischen dem § 903 BGB und dem Artikel 14 des Grundgesetzes. In: Sozialwissenschaftliches Forum: Eigentum – Die Frage nach der Sozialbindung des Eigentums an Boden und Unternehmen, Stuttgart 2000, S. 191 – 207; Dietrich Spitta: Die Problematik des Privateigentums an Unternehmen. Gesichtspunkte und Ansätze zu seiner Umwandlung. In. Sozialwissenschaftliches Forum: Eigentum – Die Frage nach der Sozialbindung des Eigentums an Boden und Unternehmen, Stuttgart 2000, S. 152 - 190

(passivischen) Kapital.
Mithin ist er in Wahrheit weniger
Besitzer als Schuldner, nicht nur
gegenüber den Fremdkapitalhaltern
(Gläubigern), sondern mehr noch
gegenüber der Gesellschaft, mit ihren
materiellen und immateriellen
Vorleistungen.[44]
Die umgekehrte Wahrnehmung des
Staates als potentiell haftendem in der
gegenwärtigen Wirtschaftskrise, ist
allerdings selbst bei Mehrheits-
anteilseignern (siehe z.b. Schaeffler
AG) durchaus häufig recht kräftig
ausgeprägt. Und haftet nicht der Staat,
so verliert im Zweifel zunächst

---

[44] Vgl. Eugen Löbl: Wirtschaft am Wendepunkt, Köln – Achberg
1975, S. 47 ff; H. Frowein: Eigentumsrecht und
Wirtschaftswirklichkeit, in: Soziale Zukunft, 3. Jag., Nr. 8/9, S. 108
f; Karl Ballmer: Eine Konzeption des Kapitalismus, in:
BAUSTEINE, 8. Jg., Heft 3 / 4 (1985), S. 76. Vgl. auch die von
Schumpeter zuerst aufgeworfene Fragestellung der Realität des
Großunternehmens in unserer gegenwärtigen Wirtschaftsordnung:
Joseph Schumpeter: Kapitalismus, Sozialismus und Demokratie,
München 1987; Peter Ulrich: Das Groß-unternehmen als quasi-
öffentliche Institution, Stuttgart 1977; Michael Heinen-Anders:
Selbsterfüllende und selbstzerstreuende Insolvenzprognosen als
Ansätze zur Erklärung krisenverschärfenden Verhaltens – Ein
wirtschaftspsychologischer Beitrag zur Finanzkrise -, 2. Auflage,
Köln 2009, S. 22 - 23

der Arbeitnehmer.[45]
Häufig wird das geltende Recht zwar
als fragwürdig angesehen, jedoch als
Garant der Freiheit missverstanden.[46]
Wie einschränkend das Eigentumsrecht
jedoch in Wahrheit ist, wird deutlich,
wenn man sich vor Augen führt, dass
die Lohn- und Gehaltsabhängigen in
aller Regel dem wirtschaftlich
stärkeren Unternehmer auch ihr Recht
auf selbständige unternehmerische
Tätigkeit im ‚freien' Arbeitsvertrag
abtreten müssen.[47] Dadurch erhebt sich
der Unternehmer neben seiner
monopolistischen Kapitalverfügung
auch zum Monopolisten über das freie,

---

[45] Vgl. auch Stephan Kosch: Elite sucht den Staats-Ausgang, in TAZ
– die tageszeitung vom 9./10.05.2009, S. 7 und: „Schaeffler streicht
5000 Jobs", ebenda, S. 7
[46] Vgl. W. Kaden: Die nichtsnutzigen Erben, in: DER SPIEGEL, 39.
Jg., Nr. 20 (1985), S. 90. Das geltende Erbrecht hat schon viele
Familienunternehmen in den Ruin geführt. Als Lösung bietet sich
hier die Kapitalverwaltung durch ein oder mehrere Organe des freien
Geisteslebens an: Vgl. dazu z.B. Thomas Brunner:
Kapitalverwaltung durch das Geistesleben. Über die soziale
Relevanz der Wissenschaft vom Geist, in DIE DREI Heft Nr. 2, 77.
Jg., Februar 2007, S. 38 – 48. Als Organe des freien Geisteslebens
können durchaus auch gemeinnützige Stiftungen oder gemeinnützige
Bankeinrichtungen (so z.B. die Gemeinnützige Treuhandstelle der
GLS Gemeinschaftsbank in Bochum) gelten.
[47] F. Grüll: Das vertragliche Wettbewerbsverbot des Arbeitnehmers,
Heidelberg 1983

selbständige Handeln.

Hier zeigt sich deutlich der anti-soziale Charakter des Privateigentums an Produktionsmitteln. Selbst bei voller Anerkennung des emanzipatorischen Charakters unternehmerischen Handelns[48] darf dieses nicht dazu führen Andere in ihrer Freiheit und in ihren Rechten übermäßig zu beschneiden.[49] Um nun zu einem gegenwartsnahen sozialgestalteten Eigentumsrecht zu kommen, schlägt Hans Georg Schweppenhäuser eine Differenzierung des Eigentumsrechts vor. Der veraltete römische Eigentumsbegriff muss für die Produktionsmittel seine Geltung verlieren.[50] Statt dessen soll ein neues

---

[48] Vgl. z.B.: Heinz Bude: Der Unternehmer als Revolutionär der Wirtschaft. In: MERKUR, 51. Jg., Nr. 582/583, Heft 9/10 (1997), S.866 - 876

[49] Vgl. Benediktus Hardorp: Elemente einer sozialen Baukunst. Ein Beitrag zum Unternehmensverständnis, in: Stefan Leber (Hg.): Der Mensch in der Gesellschaft, Stuttgart 1977, S. 46

[50] Neuerungen des Eigentumsrechts standen auch am Ausgangspunkt der später erfolgreichen Partei ‚Die Grünen': „Damit der Mensch nicht vollends zum Objekt einer vollautomatischen Welt wird, müssen wir seine Enteignung durch die private oder staatliche Kapitalordnung rückgängig machen und auf die heutigen Verhältnisse bezogen das weiterentwickeln, was in den germanischen Rechtsvorstellungen – im Unterschied zu den römischen, die sich historisch durchgesetzt haben – veranlagt war.

Recht differenziert gelten. Dabei wäre an die erste Stelle die freie Verfügung des tätigen Kollektivs über die materiellen Produktionsmittel, im Sinne der Produktionsidee: „produzieren zu können", zu setzen. In der Praxis bedeutete dies: Untrennbarkeit von den Produktionsmitteln.[51] An zweiter Stelle stünde die rechtliche Regelung über die Weitergabe und Übertragung des Betriebsvermögens, bei Ausscheiden der bisher

---

Wir nennen diese Alternative das ‚neutralisierte Kapital': Alle zum gesellschaftlichen Arbeitsfeld, also zur organisierten Arbeitswelt gehörenden Kapitalmittel, Grund und Boden und Produktionsstätten sind nicht eigentumsfähig. Sie müssen frei zirkulieren, das heißt treuhänderisch denen zur Verfügung stehen, die die Fähigkeiten haben, sie sachgemäß einzusetzen. Nur diese Form des treuhänderischen ‚Eigentums' macht die soziale Verpflichtung, von der das Grundgesetz im Artikel 14 spricht, realisierbar und befreit dieses Postulat von der Willkür privater Moral." (Der grüne Kurs: Wahlplattform des ‚Achberger Kreises' zur Bundestagswahl 80. In: Wilfried Heidt (Hg.): Abschied vom Wachstumswahn, Achberg 1980, S. 198 – 199. – Interessant ist, das neuerdings – unter dem Eindruck der gewaltigen gegenwärtigen Wirtschafts- und Finanzkrise – auch wieder von der Alternative des ‚Treuhandeigentums' gesprochen wird (Vgl. Ramon Brüll: Treuhandwirtschaft und unveräußerliches Kapital – Ein Vorschlag zur Bankenkrise. In: Zeitschrift INFO 3, Nr. 11 November 2008, S. 86).
[51] Vgl. Hans Georg Schweppenhäuser: Macht des Eigentums, Stuttgart 1970, S. 57; Derselbe: Das Eigentum an den Produktionsmitteln, Berlin 1963, S. 32

Verfügungsberechtigten an ideelle
Erben. Dies bedeutete praktisch das
Ausschließen eines automatischen
Erbganges an Blutsverwandte.[52]
An dritter Stelle schließlich käme ein
Anspruch der Gesamt-gesellschaft auf
regelmäßige soziale Gegenleistungen in
Frage.
In der Praxis etwa in Gestalt eines
Interventionsrechtes bei willkürlicher
Produktionsstillegung.[53]
Obwohl Schweppenhäusers
Überlegungen sich nicht direkt damit
befassen, weisen sie auf einen
wesentlichen Inhalt der
Kapitalneutralisierung hin.

---

[52]Vgl. Hans Georg Schweppenhäuser: Macht des Eigentums,
Stuttgart 1970, S. 58; Derselbe: Das Eigentum an den
Produktionsmitteln, Berlin 1963, S. 32 f
[53]Vgl. Hans Georg Schweppenhäuser: Macht des Eigentums,
Stuttgart 1970, S. 58 f; Derselbe: Das Eigentum an den
Produktionsmitteln, Berlin 1963, S. 33 f. Als willkürlich in diesem
Sinne ist gewiß die Schließung des Nokia-Werks Bochum am
30.06.2008 – trotz einem Betriebsergebnisgewinn für 2007 in Höhe
von 134 Millionen EURO (pro Mitarbeiter 90.000 EURO) –
anzusehen. Vgl. http://de.wikipedia.org/wiki/Nokia-Werk_Bochum

2.3. Kapitalneutralisierung als Dreigliederungsaufgabe
2.3.1. Die Theorie der Praxis

Nimmt man die drei morphologisch gewandelten Kapitalbedeutungen zusammen, so hat man die geistigen Grundlagen einer Unternehmensentwicklung im Geiste der Kapitalneutralisierung vor sich: Das Kapital als durch den Geist ergriffenes, die Fähigkeiten als durch gegenseitige Entwicklungshilfe gewonnenes und das Eigentum als anerkannte soziale Verpflichtung.[54]
"Eine jede Betriebsreform hat davon auszugehen, dass erkannt wird, dass ... eine jede Unternehmung auf drei Grundlagen ruht und einer Vereinigung derselben im Zusammenwirken zustrebt."[55]
Die Alternative vor die Unternehmungen heute gestellt sind

---

[54] Vgl. Wilfried Heidt: Die Position des ‚Achberger Kreises' in den Grünen, in R. Giese (Hg.): Sozial handeln aus der Erkenntnis des sozial Ganzen, Rabel, S. 245; Folkert Wilken: Die Befreiung der Arbeit, Freiburg i. Br. 1965, S. 24; Benediktus Hardorp: Führung ohne Hierarchie? In: Der Wirtschaftsprüfer als Unternehmensberater. Festschrift für Max Horn, Ulm 1974, S. 126
[55] Folkert Wilken: Das Kapital, Schaffhausen 1976, S. 206

heißt entweder hierarchische Weisungsstruktur oder organische Kooperation.[56] Während die klassischen hierarchisch regierten Unternehmen meist von Patriarchen alter Schule geführt werden, deren persönliche Kraft in der Regel zu einer bewußtseinsmäßigen Objektivierung nicht ausreicht, müssen neue Initiativen entsprechend ihrer selbstgewählten Aufgabenstellung den „...menschlichen, Entwicklung fordernden Zugang zum Unternehmertum öffnen."[57] Dazu gehört aber als Grunderfordernis die kooperative Unternehmens- führung[58] und eine Demokratisierung

---

[56] Vgl. Benediktus Hardorp: Führung ohne Hierarchie? In: Der Wirtschaftsprüfer als Unternehmensberater. Festschrift für Max Horn, Ulm 1974, S. 125 f; Folkert Wilken: Das Kapital, Schaffhausen 1976, S. 208
[57] Benediktus Hardorp: Führung ohne Hierarchie? In: Der Wirtschaftsprüfer als Unternehmensberater. Festschrift für Max Horn, Ulm 1974, S. 126
[58] Hinsichtlich der maximalen Größe kooperativ geführter Unternehmen herrschen sehr unterschiedliche Einschätzungen vor. Während zuweilen- ausgehend von den beschränkten Möglichkeiten der Vis-a-Vis-Kommunikation – nach den Regeln der Kominatorik, eine Mitarbeiterzahl nicht wesentlich über 12 angegeben wird (vgl. Benediktus Hardorp: Elemente einer sozialen Baukunst. Ein Beitrag zum Unternehmensverständnis, in: Stefan Leber (Hg.): Der Mensch in der Gesellschaft, Stuttgart 1977, S. 52 und Yona Friedman:

der Verfügung[59] über die Unter-
nehmensertragnisse.[60] Dauerhaft lässt
sich eine derartige Unternehmenspraxis
aber nur in einer entsprechenden
Unternehmens-ordnung fixieren, denn
schnell sind rückwärts gewandte

Machbare Utopien: Absage an geläufige Zukunftsmodelle, Frankfurt
a. M. 1983, S. 38), hält Joseph Huber unter bestimmten
Voraussetzungen (z.B. ein mehrstufiges Delegiertenmodell)
selbstverwaltete Unternehmen mit bis zu 1500 (!) Mitarbeitern für
realisierbar (vgl. Joseph Huber: Das Unternehmen. Modell einer
selbstverwalteten Wirtschaft, in: Kursbuch 53 (1978), S. 145 – 171).
Angesichts der bereits etablierten neuen Kommunikations-modelle
über Internet, Intranet und E-Mail-Verkehr, halte ich Hubers
Einschätzung nicht mehr für ganz abwegig.
Zuweilen wird behauptet, dass „eine wirksame gegenseitige
Abstimmung der Arbeit der einzelnen Organisationsteilnehmer eines
zielgerichteten Sozialsystems ... ohne eine Über- und Unterordnung
nicht möglich" sei. „Die Positionen der Organisationsteilnehmer sind
nicht gleich." Edmund Heinen: Einführung in die
Betriebswirtschaftslehre, Wiesbaden 1968, S. 56. Zumindest
Eberhard Dülfer: Betriebswirtschaftslehre der Kooperative,
Göttingen 1984, vertritt hierzu eine modifiziert andere Position.
[59] „Eine Kapitalneutralisierung bedingt eine Demokratisierung der
Verfügung im Unternehmen nicht automatisch. Auch Krupps
ehemaliger Familienbesitz ist z.B. in eine Stiftung umgewandelt
worden... Es kommt daher an auf die Verbindung von
Neutralisierung und Demokratisierung." Joseph Huber: Kapital-
Neutralisierung und Demokratisierung der Verfügung, in:
derselbe/Jiri Kosta (Hg.): Wirtschaftsdemokratie in der Diskussion,
Köln – Frankfurt a. M. 1978, S. 186
[60] Vgl. Benediktus Hardorp: Elemente einer sozialen Baukunst. Ein
Beitrag zum Unternehmensverständnis, in: Stefan Leber (Hg.): Der
Mensch in der Gesellschaft, Stuttgart 1977, S. 48; R. Giese:
Interessengemeinschaft (IG) Dritter Weg – Unternehmensverband,
in: derselbe (Hg.): Sozial handeln aus der Erkenntnis des sozial
Ganzen, Rabel 1980, S. 255

(‚reaktionäre') Kräfte am Werk, die das einmal vollbrachte zerstören müssten, wäre nicht ein Widerstand bietendes Rückgrad in Form einer dauerhaften Unternehmensordnung geschaffen worden.[61] Diese kann im Rahmen einer Unternehmenssatzung, eines Genossenschaftsvertrages oder als Rechtsinstitut[62] die Neutralität des Kapitals bindend festschreiben. Neutralität des Kapitals bedeutet Neutralität gegenüber macht-politischer Verfügungsgewalt. Niemand soll mit Hilfe des Kapitals Macht ausüben können, weder ein Eigentümer-Unternehmer, noch ein Arbeitnehmer-Eigentümer. Das Kapital wird ganz Funktion, es wird zum funktionellen

---

[61] Vgl. Folkert Wilken: Das Kapital, Schaffhausen 1976, S. 237; Peter Schilinski: Dreigliederung und Lebenserfahrung, in: R. Giese (Hg.): Sozial handeln aus der Erkenntnis des sozial Ganzen, Rabel 1980, S. 99; Benediktus Hardorp: Elemente einer sozialen Baukunst. Ein Beitrag zum Unternehmensverständnis, in: Stefan Leber (Hg.): Der Mensch in der Gesellschaft, Stuttgart 1977, S. 52 f
[62] In England gelang es dem Initiator des Scott Bader Commonwealth, ein Gesetz in das Parlament einzubringen, das den spezifischen Erfordernissen dieses Unternehmens gerecht wird und auch verabschiedet wurde. „Dieses Gesetz, das den Namen ‚Industrial common ownership bill' trägt, bezieht sich auf Unternehmen ohne Aktienkapital, welches den in ihnen arbeitenden Menschen gehört." Folkert Wilken: Das Kapital, Schaffhausen 1976, S. 237

Eigentum; es wird unwandelbar in konsumptives Eigentum und damit dem machtmäßigen Handeln entzogen.[63]

2.3.2. Die Praxis der Theorie

"Neutralisiertes Kapitaleigentum in diesem Sinne gibt es hierzulande nicht – schon deshalb nicht, weil es, seit das römische Recht eingeführt wurde, so gut wie nichts mehr geben kann, das nicht formal jemandem gehört ... Jeder Versuch, schon heute entsprechende Formen zu prakti-zieren, muss also von vorneherein eine Kompromisslösung sein."[64]

---

[63] Vgl. Folkert Wilken: Die Befreiung der Arbeit, Freiburg i. Br. 1965, S.42; Wilfried Heidt: Die Position des ‚Achberger Kreises' in den Grünen, in R. Giese (Hg.): Sozial handeln aus der Erkenntnis des sozial Ganzen, Rabel, S. 245; Wilhelm Schmundt: Der soziale Organismus und sein Krankheitszustand, in: Derselbe: Zwei Grundprobleme des 20. Jahrhunderts, Argental – Wangen 1988, S. 55

[64] Ramon Brüll: Auf dem Wege zum neutralisierten Kapital-Eigentum, in: Zeitschrift INFO 3, Nr. 8 (1984), S. 20. – „Das deutsche Gesellschaftsrecht bietet keine Rechtsform an, die erlaubt, die Selbstverwaltung auf Dauer rechtsverbindlich in den Unternehmensverfassungen (Satzungen) zu verankern. ... Das Gesellschaftsrecht kennt auch ... keine Eigentumsform, die auf neutralisiertem Eigentum aufbaut, vielmehr wird in den verschiedenen Normen zu den einzelnen Rechtsformen konsequent

Derartige Kompromisse können dem Ideal näher und ferner sein, je nach der Intensität der darin wirkenden sozialen Gestaltung. Der Versuch etwas in dieser Richtung zu unternehmen, ist dem Unterlassen schon aus dem eingangs erwähnten Motiv des Richtungsweisenden jederzeit vorzuziehen. Gewiss ist das Gelingen solcher Unternehmungen aber auch eine Frage der Bewusstheit gegenüber

---

von den privaten Verfügungsrechten über das Produktions-vermögen ausgegangen." Marlene Kück: Alternative Ökonomie in der Bundesrepublik. Entstehungsanlässe, wirtschaftliche Bedeutung und Probleme, in: Aus Politik und Zeitgeschichte B 32 (1985), S. 35. Dennoch konstatiert der Jurist Matthias Neuling: „Für die heutige Praxis der alternativen Betriebe gilt allerdings, dass die Möglichkeiten der Kapitalneutralisierung nicht völlig ausgeschöpft worden sind." Matthias Neuling: Auf fremden Pfaden – Ein Leitfaden der Rechtsformen für selbstverwaltete Betriebe und Projekte, Berlin 1985, S. 20 f. – Je nach individueller Ausgangslage wird allerdings einmal die Genossenschaft (vgl. Burghard Flieger: Regelungsbedarf bei veränderten Eigentumsformen. Neue Betriebe auf der Suche nach alternativen Strukturen brauchen Unterstützung. In: BAUSTEINE, 15. Jg., Heft 2 (1991), S. 74 – 76), ein anderes Mal die Stiftung (Vgl. Helmut Hagenauer/Karl Kossmann: Das Modell der WALA-Stiftung. In: Sozialwissenschaftliches Forum: Eigentum – Die Frage nach der Sozialbindung des Eigentums an Boden und Unternehmen, Stuttgart 2000, S. 223 ff) und wieder ein anderes Mal die GmbH (Vgl. Matthias Neuling: Rechtsformen, Berlin 1998, S. 123 ff) als die ideale Rechtsform für Betriebe mit der Absicht zur Kapitalneutralisierung benannt, so dass ersichtlich ist, das die Vorstellungen auf diesem Felde weit auseinandergehen.

der Realität sozialer Prozesse.[65]
Zumindest in zwei Ansätzen scheint
diese Bewusstheit so zu sein, dass das
soziale Ergebnis beispielhaft ist.[66]

2.3.2.1. Das Unternehmen Scott Bader Commonwealth

In der englischen
Kunststoffproduktion gibt es ein
herausragend fortschrittliches
Unternehmen, es heißt Scott Bader
Commonwealth und wurde 1976 in
einer englischen Parlamentsdebatte
als ‚in seiner Art führendes
Unternehmen' bezeichnet.[67] Dies
wird verständlich, wenn man sich
den Werdegang des

---

[65] Zu den ethischen Voraussetzungen solcher Entscheidungen vgl. auch Erich Fromm: Haben oder Sein, München 1976
[66] Die folgenden Darstellungen entsprechen im wesentlichen dem Stande von 1986.
[67] Vgl. Folkert Wilken: Das Kapital, Schaffhausen 1976, S. 237. In England gelang es dem Initiator des Scott Bader Commonwealth, ein Gesetz in das Parlament einzubringen, das den spezifischen Erfordernissen dieses Unternehmens gerecht wird und auch verabschiedet wurde. „Dieses Gesetz, das den Namen ‚Industrial common ownership bill' trägt, bezieht sich auf Unternehmen ohne Aktienkapital, welches den in ihnen arbeitenden Menschen gehört." Folkert Wilken: Das Kapital, Schaffhausen 1976, S. 237

Unternehmensgründers Ernest Bader vor Augen hält. Dieser wanderte vor dem ersten Weltkrieg von der Schweiz nach England aus und fing dort an zu arbeiten. "Er stellte sich vor, dass er sein ganzes Leben für andere würde arbeiten müssen, und empfand das System als grauenhaft. Wie sich zeigte, kam es nicht dazu. Er wurde Unternehmer und leitete eine Firma. 1951 kam ihm plötzlich zu Bewusstsein, dass er all seinen Beschäftigten das antat, worunter er früher selbst so gelitten hatte ... Also nahm er Kontakt mit verschiedenen Menschen auf ... und sagte, er wolle das ganze auf eine Grundlage stellen, die er als Quäker und Pazifist bejahen könne ...."[68]
Einer der Menschen, die er um Rat fragte war Folkert Wilken, seinerzeit Professor für Nationalökonomie in Freiburg im Breisgau.[69]
Er begann schließlich damit, das

[68] Vgl. E. F. Schumacher : Das Ende unserer Epoche, Reinbek b. Hamburg 1980, S. 105 f
[69] Vgl. http://de.wikipedia.org/wiki/Folkert_Wilken

Gesamtkapital in zwei Schritten auf das Gemeinwesen (,commonwealth') zu übertragen. Mitglieder des Gemeinwesens wurden alle Mitarbeiter des Unternehmens, ohne jedoch das Eigentum auf die einzelnen Köpfe zu verteilen.[70]
Auch bei Auflösung des Commonwealth würde das Kapital nicht auf einzelne Personen aufgeteilt, sondern ohne Rest an caritative Institutionen fließen. Laut Satzung des Unternehmens darf der gewählte Verwaltungsrat des Commonwealth maximal 40 % des Gewinns für konsumptive Zwecke entnehmen. Davon muss noch einmal die Hälfte für wohltätige Zwecke außerhalb der Unternehmung vergeben werden, so dass maximal 20 % zur Ausschüttung an die Mitarbeiter kommen. Die restlichen 60 % werden für Steuern und zur

---

[70] Vgl. Folkert Wilken: Das Kapital, Schaffhausen 1976, S. 231f und E. F. Schumacher: Die Rückkehr zum menschlichen Maß, Reinbek b. Hamburg 1980, S. 248ff

Selbstfinanzierung einbehalten.[71]
Die Einkommensordnung sieht vor,
dass alle Gehälter nicht über ein
Verhältnis von 1:7 hinausgehen
dürfen. Diese Regelung wird
innerhalb des Unternehmens allseits
akzeptiert.[72] Auch im Sinne
einer kooperativen
Organisationsform ist Scott Bader
offensichtlich ein Erfolg geglückt.
„In den rund zwanzig Jahren seines
Bestehens ist das Gemeinwesen
durch verschiedene
verfassunggebende Phasen
gegangen, und wir glauben, dass es
mit der neuen Verfassung von 1971
‚Organe' entwickelt hat, die es ihm
gestatten, ein Kunststück
fertigzubringen, das kaum weniger
unmöglich erscheint, als das der
Quadratur des Kreises, nämlich

---

[71] Vgl. E. F. Schumacher : Das Ende unserer Epoche, Reinbek b.
Hamburg 1980, S. 109 und E. F. Schumacher: Die Rückkehr zum
menschlichen Maß, Reinbek b. Hamburg 1980, S. 249
[72] Vgl. E. F. Schumacher : Das Ende unserer Epoche, Reinbek b.
Hamburg 1980, S. 108f und Folkert Wilken: Das Kapital,
Schaffhausen 1976, S. 236. Bei der Gehaltsverteilung in
europäischen Unternehmen sind bereits Relationen von 1:400
Realität, vgl. ‚Managerlöhne'. Interview mit Prof. Dr. Peter Ulrich,
in: ZV info – Zeitschrift des Zentralverbands Staats- und
Gemeindepersonal Schweiz, Nr. 4, 13. April 2005, S. 3

wirkliche Demokratie mit leistungsfähiger Unternehmensführung zu verbinden."[73] Die Entwicklung des Unternehmens wird sehr bewusst als ein nie abgeschlossener Lernprozess gesehen, der alle daran Teilhabenden gleichermaßen erfasst und aufleben lässt.[74]
Der bis zu seinem Tode als Berater des Unternehmens persönlich beteiligte E. F. Schumacher kommt zu dem Ergebnis: „Scott Bader ist mehr als ein Experiment, es ist eine Weltanschauung."[75]

2.3.2.2. Der Unternehmensverband der Aktion Dritter Weg[76]

Der Unternehmensverband der Aktion Dritter Weg fasst eine Reihe

---

[73] E. F. Schumacher: Die Rückkehr zum menschlichen Maß, Reinbek bei Hamburg 1980, S. 252
[74] Vgl. E. F. Schumacher: Die Rückkehr zum menschlichen Maß, Reinbek bei Hamburg 1980, S. 252
[75] E. F. Schumacher : Das Ende unserer Epoche, Reinbek b. Hamburg 1980, S. 110
[76] Die folgende Darstellung entspricht im wesentlichen dem Stande von 1986.

44

von Dienstleistungsunternehmen zusammen. Darunter sind so unterschiedliche Betriebe, wie die CCS Computer Systeme GmbH, Hamburg und die NATURATA Naturwarenhandelsgesellschaft mbH, Göppingen oder auch der Achberger Verlag GmbH, Achberg. Eine graphische Abbildung, die hier aber aus technischen Gründen nicht wiedergegeben werden soll, macht die Vielfalt der Unternehmen und Organschaften im Unternehmensverband der Aktion Dritter Weg deutlich.[77] Es sind insgesamt neunzehn kleinere Betriebe mit zusammen ca. 75 Arbeitsplätzen[78], „dazu kommen noch etwa 40 Mitarbeiter, die regelmäßig, aber natürlich mit geringerer Arbeitszeit in den gemeinnützigen Institutionen ehrenamtlich tätig sind. Der Umsatz

---

[77] Vgl. Aktion Dritter Weg – Ein Modellversuch. Ein Bericht von Rudolf Saacke. In: Max V. Limbacher: Projekt Anthroposophie, Reinbek bei Hamburg 1986, S. 102
[78] Vgl. Aktion Dritter Weg – Ein Modellversuch. Ein Bericht von Rudolf Saacke. In: Max V. Limbacher: Projekt Anthroposophie, Reinbek bei Hamburg 1986, S. 101

des Verbandes wird bei ungefähr
8,5 Mio. DM im Jahr 1985
liegen."[79]
Die beteiligten Betriebe haben ihr
Stammkapital in einen
gemeinnützigen Stiftungsverein
überführt, die ‚Stiftung der
Interessengemeinschaft Dritter Weg
e.V. – „Kapital und
Produktionsmittel sind somit
neutralisiert worden."[80]

Assoziationsverträge regeln das
Verhältnis zwischen Stiftung
und Mitgliedsbetrieben so, dass
„...eine Beeinflussung der
unternehmerischen Entscheidungen
im Einzelbetrieb ausgeschlossen
wird."[81]

Unter den im Rahmen einer
Organschaft oder direkt mit
der Stiftung verbundenen

[79] Aktion Dritter Weg – Ein Modellversuch. Ein Bericht von Rudolf
Saacke. In: Max V. Limbacher: Projekt Anthroposophie, Reinbek bei
Hamburg 1986, S. 101
[80] o.Verf.: ‚Wir stellen vor: die Aktion Dritter Weg', in:
CONTRASTE, Nr. 7 (1985), S. 3
[81] o.Verf.: ‚Wir stellen vor: die Aktion Dritter Weg', in:
CONTRASTE, Nr. 7 (1985), S. 3

Unternehmen wird ein – rechtlich unantastbarer – Gewinn- und Verlustausgleich vor Steuern durchgeführt, während schließlich über eine gemeinsame Etatkonferenz aller beteiligten Unternehmen und Organschaften ein Gewinn- und Verlustausgleich (nach Steuern) für alle beteiligten Unternehmen erfolgt.[82] „Die Verwendung der danach noch vorhandenen Gesamtetatmittel für neue Projekte und/oder Investitionen wird ebenfalls gemeinsam beraten und beschlossen."[83]

Die Einkommensordnung der Aktion Dritter Weg richtet sich nach dem Prinzip der Entkoppelung von Arbeit und Einkommen.[84]

---

[82] Vgl. o.Verf.: ‚Wir stellen vor: die Aktion Dritter Weg', in: CONTRASTE, Nr. 7 (1985), S. 3

[83] o.Verf.: ‚Wir stellen vor: die Aktion Dritter Weg', in: CONTRASTE, Nr. 7 (1985), S. 3

[84] Vgl. Aktion Dritter Weg – Ein Modellversuch. Ein Bericht von Rudolf Saacke. In: Max V. Limbacher: Projekt Anthroposophie, Reinbek bei Hamburg 1986, S.97 – 103; R. Giese: Interessengemeinschaft (IG) Dritter Weg – Unternehmensverband, in: derselbe (Hg.): Sozial handeln aus der Erkenntnis des sozial Ganzen, Rabel 1980, S. 254; o.Verf.: ‚Wir stellen vor: die Aktion Dritter Weg', in: CONTRASTE, Nr. 7 (1985), S. 3; Joseph Huber:

Dies entspricht einem Bedarfslohnprinzip.[85] Da jedoch nur aus dem entnommen werden kann, was der Etat unter wirtschaftlichen Gesichtspunkten konsumptiv hergibt, beschließt die Hauptversammlung des Verbandes eine für alle angeschlossenen Mitglieder geltende Einkommensobergrenze.[86] Auch die Mitarbeiterselbstverwaltung der Aktion Dritter Weg ist für alle ihre angeschlossenen Unternehmen verbindlich. Im Rahmen einer ‚Kollegialordnung' sind strukturierte Selbstverwaltungsorgane für eine

---

Astral-Marx. Über Anthroposophie, einen gewissen Marxismus und andere Alternatiefen, in: Kursbuch 55 (1979), S. 154. „Worauf es ankommt, das ist, dass für die Mitmenschen arbeiten und ein gewisses Einkommen zu erzielen zwei voneinander ganz getrennte Dinge seien." Rudolf Steiner: Geisteswissenschaft und soziale Frage, Dornach b. Basel 1982, S. 35

[85] Vgl. o.Verf.: ‚Wir stellen vor: die Aktion Dritter Weg', in: CONTRASTE, Nr. 7 (1985), S. 3

[86] Vgl. o.Verf.: ‚Wir stellen vor: die Aktion Dritter Weg', in: CONTRASTE, Nr. 7 (1985), S. 3; R. Giese: Interessengemeinschaft (IG) Dritter Weg – Unternehmensverband, in: derselbe (Hg.): Sozial handeln aus der Erkenntnis des sozial Ganzen, Rabel 1980, S. 254; Joseph Huber: Astral-Marx. Über Anthroposophie, einen gewissen Marxismus und andere Alternatiefen, in: Kursbuch 55 (1979), S. 154

demokratische Gleichberechtigung aller Mitarbeiter geschaffen worden. "Es ist Sache der Mitarbeiterselbstverwaltung, die dem jeweiligen Unternehmen gemäße Struktur herauszubilden."[87] Nach dem schon gesagten verwundert es wohl nicht, dass der Initiator des Unternehmensverbandes, Rudolf Saacke, die Idee und Struktur des Unternehmensverbandes auf Rudolf Steiner zurückführt.[88] Wie sich der erst seit 1979 bestehende Unternehmensverband weiterentwickelt bleibt abzuwarten. Die sichtbaren Anfänge geben Anlass optimistisch zu sein.

2.3.2.3. Weitere Unternehmen auf der Suche nach neuen Eigentumsformen

Es gibt noch eine Reihe weiterer Unternehmen auf der Suche nach

---

[87] R. Giese: Interessengemeinschaft (IG) Dritter Weg – Unternehmensverband, in: derselbe (Hg.): Sozial handeln aus der Erkenntnis des sozial Ganzen, Rabel 1980, S. 259
[88] Interview mit Rudolf Saacke, in: CONTRASTE 7 (1985), S. 4 - 5

neuen Eigentumsformen, darunter solche, die sich mehr oder minder der Idee der Kapitalneutralisierung angenähert haben.
Darunter finden sich auch so bekannte Unternehmen, wie die beiden Naturkosmetik- und Komplementärmedizinhersteller WALA und WELEDA.
Über diese Unternehmen soll hier aber nicht im Detail berichtet werden, da dies den vorgegebenen Rahmen dieser Studie übersteigen würde.[89]

2.3.3. Dreigliederungsaspekte

"Rudolf Steiner hat zu Beginn des zwanzigsten Jahrhunderts die Vision

[89] Vgl. aber zu diesen Unternehmen die ausführlichen Schilderungen bei Dietrich Spitta: die Problematik des Privateigentums an Unternehmen. Gesichtspunkte und Ansätze zu seiner Umwandlung. In: Sozialwissenschaftliches Forum: Eigentum – die Frage nach der Sozialbindung des Eigentums an Boden und Unternehmen, Stuttgart 2000, S. 172 – 175 sowie Helmut Hagemann/Karl Kossmann: Das Modell der WALA-Stiftung. In: Sozialwissenschaftliches Forum: Eigentum – die Frage nach der Sozialbindung des Eigentums an Boden und Unternehmen, Stuttgart 2000, S.220 - 233

einer assoziativen Wirtschaft gebracht. Zur Verwirklichung dieser Vision brauchen wir grundlegend neue Strukturen und Institutionen. Die Wirtschaft wird selbst aktiv werden, solche Formen zu finden und zu erproben. Dazu müssen auch im geistig-kulturellen Leben unserer Gesellschaft wie im politischen Bereich neue Wege beschritten werden.

Es ist ... klar, dass dies ein langer, mühevoller und konfliktreicher Weg ist. Aber viele Zeichen der Zeit weisen darauf, dass die Entwicklung in diese Richtung voranschreitet. Über die ganze Welt sehen wir Emanzipationsbewegungen, die durch das Auf und Ab der Geschehnisse auf Dauer doch zum Abschütteln von Bevormundung, Gängelung und Ausbeutung führen. Es ist dies ein Weg, der zur Freiheit in Verantwortung führt."[90]

Die Dreigliederungsidee hat ihre

---

[90] Friedrich Glasl: Das Unternehmen der Zukunft, Stuttgart 1994, S. 97 - 98

Gültigkeit auf nahezu allen Ebenen des gesellschaftlichen Zusammenlebens.[91] Eine Dreigliederungsgestaltung muss jedoch zwangsläufig da vom Ideal differieren, wo ihr Aufgabenfeld bereits stark von normativen Verhältnissen geprägt ist. Die Gestaltung des Unternehmensrechts ist ein solches Feld. Daher muss jeder reale Ansatz hier damit rechnen auf starken Widerstand ‚im alten beharrender Kräfte' zu stoßen. Diese Spannung aber muss ausgehalten werden.

Die gesellschaftlichen Zerrüttungserscheinungen[92] deuten auf die Notwendigkeit eines Umschwunges hin. Nur wird dieser stets mit den alten Denkgewohnheiten versucht, die auf

---

[91] Ramon Brüll: die Dreigliederung unterschiedlich verstanden, in: R. Giese (Hg.): Sozial handeln aus der Erkenntnis des sozial Ganzen, Rabel 1980, S. 16f

[92] „Die Bankenkrise zwingt den Staat zu drastischen Eingriffen in die Wirtschaft. Um die Kernschmelze der Finanzmärkte zu verhindern, schrecken die europäischen Regierungen auch vor einer Teilverstaatlichung der Kreditinstitute nicht zurück. Am Ende der aktuellen Krise wird die Wirtschaft eine andere sein – mit mehr Staat und weniger Markt." In: DER SPIEGEL Nr. 42 vom 13.10.08, S. 6 (Themenschwerpunkt: Wer stoppt den freien Fall des freien Marktes?). Vgl. auch Frans Carlgren: Wenn die Staaten unregierbar werden. Gefahren und Chancen, Stuttgart 1997

neuem Boden keinen Stand finden
können. Nichts geringeres ist die
Aufgabe, als eine Metamorphose des
Denkens selbst. Vielleicht erscheint es
für manchen weitabliegend, da an die
Soziale Dreigliederung zu denken.
Doch zahlreiche Vertreter der neueren
Soziologie (darunter Habermas, Offe,
Luhmann)[93] sind bereits dazu
übergegangen in ihrer
Gesellschaftsanalyse von drei
teilautonomen Subsystemen
auszugehen, welche die Realität
unserer Gesellschaft nachhaltiger
prägen, als vielen unserer Zeitgenossen
lieb sein kann (man denke
beispielsweise an das gegenwärtige
Krisenphänomen in der Bankensphäre).
Abschließend sei daher noch
beispielhaft für viele der Soziologe
Daniel Bell zitiert: „Im Gegensatz zu
der ganzheitlichen Auffassung von
Gesellschaft halte ich es für
angemessener ... die zeitgenössische
Gesellschaft als ein Phänomen zu
begreifen, das aus drei deutlich

---

[93] Vgl. Walter Kugler: Rudolf Steiner und die Anthroposophie, Köln
1978, S. 158

unterschiedenen Bereichen besteht, deren jeder einem anderen axialen Prinzip gehorcht. Ich unterteile die Gesellschaft zum Zwecke der Analyse in die *techno-ökonomische Struktur*, die *politische Ordnung* und die *Kultur*. Diese Bereiche sind nicht kongruent; sie weisen verschiedene Rhythmen des Wandels auf und unterliegen verschiedenen, sich jeweils anders legitimierenden Normen und sogar gegensätzlichen Verhaltensweisen. Die Unstimmigkeiten zwischen diesen Bereichen sind für die mannigfaltigen Widersprüche innerhalb der Gesellschaft verantwortlich."[94]

---

[94] Zitiert nach: Walter Kugler: Rudolf Steiner und die Anthroposophie, Köln 1978, S. 158

Literaturverzeichnis:

Aktion Dritter Weg – Ein Modellversuch. Ein Bericht von Rudolf Saacke. In: Max V. Limbacher: Projekt Anthroposophie, Reinbek bei Hamburg 1986, S. 97 - 106

Ballmer, K.: Eine Konzeption des Kapitalismus, in: BAUSTEINE – Zeitschrift für theoretische Ökonomie und soziale Frage, 8. Jg., Heft 3 / 4, (1985), S. 70 – 76

Blum, F.H.: Work and Community, London 1968

Brüll, D.: Der anthroposophische Sozialimpuls, Schaffhausen 1984

Brüll, R.: Die Dreigliederung unterschiedlich verstanden, in: R. Giese (Hg.): Sozial Handeln aus der Erkenntnis des sozial Ganzen, Rabel 1980, S. 13 – 17

Brüll, R.: Auf dem Wege zum neutralisierten Kapitaleigentum, in: Zeitschrift INFO 3, Nr. 8 / 1984, S. 19 – 21

Brüll, R.: Treuhandwirtschaft und unveräußerliches Kapital – Ein Vorschlag zur Bankenkrise. In: Zeitschrift INFO 3, Nr. 11 November 2008, S. 81 - 86

Brunner, T.: Kapitalverwaltung durch das Geistesleben. Über die soziale Relevanz der Wissenschaft vom Geist, in DIE DREI Heft Nr. 2, 77. Jg., Februar 2007, S. 38 – 48

Bude, H.: Der Unternehmer als Revolutionär der Wirtschaft. In: MERKUR, 51. Jg., Nr. 582/583, Heft 9/10 (1997), S.866 – 876

Carlgren, F.: Wenn die Staaten unregierbar werden. Gefahren und Chancen, Stuttgart 1997

DER SPIEGEL Nr. 42 vom 13.10.08, S. 6 (Themenschwerpunkt: Wer stoppt den freien Fall des freien Marktes?)

Doleschal, R.: Zur geschichtlichen Entwicklung des Volkswagenwerks, in: derselbe / R. Dombois (Hg.): Wohin läuft VW? Reinbek b. Hamburg 1982

Flieger, B.: Regelungsbedarf bei veränderten Eigentumsformen. Neue Betriebe auf der Suche nach alternativen Strukturen brauchen

Unterstützung. In: BAUSTEINE – Zeitschrift für theoretische Ökonomie und soziale Frage, 15. Jg., Heft 2 (1991), S. 74 – 76

Dülfer, E.: Betriebswirtschaftslehre der Kooperative, Göttingen 1984

Friedman, Y.: Machbare Utopien: Absage an geläufige Zukunftsmodelle, Frankfurt a. M. 1983

Fromm, E.: Haben oder Sein, München 1976

Frowein, H.: Eigentumsrecht und Wirtschaftswirklichkeit, in: Soziale Zukunft, 3. Jg., Nr. 8 / 9, (1958), S. 106 – 111

Giese, R.: Interessengemeinschaft (IG) Dritter Weg – Unternehmensverband, in: derselbe (Hg.): Sozial Handeln aus der Erkenntnis des sozial Ganzen, Rabel 1980, S. 254 – 259

Glasl, F./Lievegoed, B.: Dynamische Unternehmensentwicklung, Bern – Stuttgart – Wien 1993

Glasl, F.: Das Unternehmen der Zukunft, Stuttgart 1994

Goethe, J.W.: Schriften zur Naturwissenschaft,

Stuttgart 1977

Grüll, F.: Das vertragliche Wettbewerbsverbot des Arbeitnehmers, Heidelberg 1983

Gutenberg, E.: Grundlagen der Betriebswirtschaftslehre I, Berlin – Heidelberg – New York 1982

Haberstock, L.: Grundzüge der Kosten- und Erfolgsrechnung, München 1982

Habermas, J.: Zur Rekonstruktion des Historischen Materialismus, Frankfurt/M. 1976

Hagemann, H./Kossmann, K.: Das Modell der WALA-Stiftung. In: Sozialwissenschaftliches Forum: Eigentum – die Frage nach der Sozialbindung des Eigentums an Boden und Unternehmen, Stuttgart 2000, S.220 - 233

Hardorp, B.: Führung ohne Hierarchie? In: Der Wirtschaftsprüfer als Unternehmensberater. Festschrift für Max Horn, Ulm 1974, S. 108 – 127

Hardorp, B.: Elemente einer sozialen Baukunst. Ein Beitrag zum Unternehmensverständnis, in: S. Leber (Hg.): Der Mensch in der Gesellschaft

1977, S. 42 – 64

Heidt, W.: Der dritte Weg, Achberg 1974

Heidt, W.: Die Position des ‚Achberger Kreises'
in den Grünen, in: R. Giese (Hg.): Sozial
Handeln aus der Erkenntnis des sozial Ganzen,
Rabel 1980, S. 238 – 247

Heinen, E.: Einführung in die
Betriebswirtschaftslehre, Wiesbaden 1968

Heinen, E.: Betriebswirtschaftliche Kostenlehre,
Wiesbaden 1978

Heinen-Anders, M./Reinartz, D.:
Selbstverwaltung als Organisationstypus,
Manuskript, BUGH Wuppertal 1986

Heinen-Anders, M.: Selbsterfüllende und
selbstzerstreuende Insolvenzprognosen als
Ansätze zur Erklärung krisenverschärfenden
Verhaltens – Ein wirtschaftspsychologischer
Beitrag zur Finanzkrise -, 2. Auflage, Köln 2009

Helmstädter, E.: Wirtschaftstheorie I, München
1979

Hiebel, F.: Goethe. Die Erhöhung des Menschen,

Frankfurt a. M. 1982

Höland, A.: Eine Bewegung sucht ihre Form, in:
Kritische Justiz, 1/1985, S. 8

Huber, J.: Kapital-Neutralisierung und
Demokratisierung der Verfügung, in: derselbe /
J. Kosta (Hg.): Wirtschaftsdemokratie in der
Diskussion, Köln – Frankfurt a.M. 1978

Huber, J. Technokratie und Menschlichkeit,
Achberg 1978

Huber, J.: Astral-Marx. Über Anthroposophie,
einen gewissen Marxismus und andere
Alternatiefen, in Kursbuch 55, (1979), S. 139 –
161

Huber, J.: Das Unternehmen. Modell einer
selbstverwalteten Wirtschaft, in: Kursbuch 53
(1978), S. 145 – 171

Hundt, S.: Zur Theoriegeschichte der
Betriebswirtschaftslehre, Köln 1977

Interview mit Rudolf Saacke, in: CONTRASTE
– Zeitung für Selbstverwaltung, 7 (1985), S. 4 –
5

Kaden, W.: Die nichtsnutzigen Erben, in: DER SPIEGEL, 39. Jg., Nr. 20 (1985), S. 90

Kappler, E.: Die Wiedergewinnung der Möglichkeit – Rekonstruktion als wissenschaftlicher Beitrag zur Überwindung von Stagnation. In: Pack / Börner (Hg.): Betriebswirtschaftliche Entscheidungen bei Stagnation, Wiesbaden 1984, S. 303 - 314

Kloss, H.: Soziale Dreigliederungsgedanken außerhalb der Anthroposophie, in: R. Giese (Hg.): Sozial Handeln aus der Erkenntnis des sozial Ganzen, Rabel 1980, S. 83 - 89

Kloss, H.: Vier westdeutsche Anläufe zur Verwirklichung des Gedankens einer funktionalen Selbstverwaltung, in: BAUSTEINE – Zeitschrift für theoretische Ökonomie und soziale Frage, 9. Jg., (1985) Heft 1 / 2, S. 19 – 30

Kosch, S.: Elite sucht den Staats-Ausgang, in TAZ – die tageszeitung vom 9./10.05.2009, S. 7

Kotler, P.: Marketing-Management, Stuttgart 1982

Kück, M.: Alternative Ökonomie in der Bundesrepublik. Entstehungsanlässe, wirtschaftliche Bedeutung und Probleme, in: Aus Politik und Zeitgeschichte B 32 (1985), S. 26 – 38

Kugler, W.: Rudolf Steiner und die Anthroposophie, Köln 1978

Leber, S.: Selbstverwirklichung, Mündigkeit, Sozialität, Frankfurt a. M. 1982

Löbl, E.: Wirtschaft am Wendepunkt Köln – Achberg 1975

‚Managerlöhne'. Interview mit Prof. Dr. Peter Ulrich, in: ZV info – Zeitschrift des Zentralverbands Staats- und Gemeindepersonal Schweiz, Nr. 4, 13. April 2005, S. 1 - 5

Neuling, M.: Rechtsformen für alternative Betriebe, (Dissertation an der Universität Bremen) Hamburg 1984

Neuling, M.: Auf fremden Pfaden – Ein Leitfaden der Rechtsformen für selbstverwaltete Betriebe und Projekte, Berlin 1985

Neuling, M.: Rechtsformen, Berlin 1998

Reetz, H.: Das Kapital und das dreigliedrige

Eigentum. Ideen zur sozialen Architektur, in: DIE DREI, Nr. 2/2007, S. 25 – 37

Schilinski, P.: Dreigliederung und Lebenserfahrung, in: R. Giese (Hg.): Sozial handeln aus der Erkenntnis des sozial Ganzen, Rabel 1980, S. 96 – 103

Schumacher, E.F.: Das Ende unserer Epoche, Reinbek b. Hamburg 1980

Schumacher, E.F.: Die Rückkehr zum menschlichen Maß, Reinbek b. Hamburg 1980

Schmundt, W.: Der soziale Organismus und sein Krankheitszustand, in: Derselbe: Zwei Grundprobleme des 20. Jahrhunderts, Argental – Wangen 1988, S. 49 – 61

Schumpeter, J.: Kapitalismus, Sozialismus und Demokratie, München 1987

Schweppenhäuser, H.G.: Das kranke Geld, Frankfurt a. M. 1982

Schweppenhäuser, H.G.: Was ist eine Assoziation? In: Soziale Zukunft, 3. Jg., (1958),

Nr. 10 / 11 / 12, S. 133 – 138

Schweppenhäuser, H.G.: Das Eigentum an den Produktionsmitteln, Berlin 1963

Schweppenhäuser, H.G.: Macht des Eigentums, Stuttgart 1970

Sik, O.: Humane Wirtschaftsdemokratie, Hamburg 1979

Sozialwissenschaftliches Forum, Band 5: Eigentum – Die Frage nach der Sozialbindung des Eigentums an Boden und Unternehmen, Stuttgart 2000

Spitta, D.: Die Problematik des Privateigentums an Unternehmen. Gesichtspunkte und Ansätze zu seiner Umwandlung. In. Sozialwissenschaftliches Forum: Eigentum – Die Frage nach der Sozialbindung des Eigentums an Boden und Unternehmen, Stuttgart 2000, S. 152 - 190

Steiner, R.: Die Ergänzung heutiger Wissenschaften durch Anthroposophie, GA 73, TB-Ausgabe, Dornach b. Basel 1988

Steiner, R.: Die Erziehungsfrage als soziale

Frage, GA 296, Dornach b. Basel 1960

Steiner, R.: Gesammelte Aufsätze zur Kultur-
und Zeitgeschichte 1887 bis 1901, GA 31,
Dornach b. Basel 1966

Steiner, R.: Die Kernpunkte der sozialen Frage,
GA 23, TB-Ausgabe, Dornach b. Basel 1973

Steiner, R.: Nationalökonomisches Seminar, GA
341, Dornach b. Basel 1973

Steiner, R.: Nationalökonomischer Kurs, GA
340, Dornach b. Basel 1979

Steiner, R.: Die Philosophie der Freiheit, GA 4,
TB-Ausgabe, Dornach b. Basel 1981

Steiner, R.: Geisteswissenschaft und soziale
Frage. Drei Aufsätze, Dornach b. Basel 1982

Steiner, R.: Zur Frage des Eigentums, in: Soziale
Zukunft, 3. Jg., (1958), Nr.
8 / 9, S. 104 – 105

Strawe, C.: Dreigliederung kontrovers – Impulse
der sozialen Dreigliederung im 20. und 21.
Jahrhundert, in: SOZIALIMPULSE – Rundbrief
Dreigliederung des sozialen Organismus, 20. Jg.,

Heft 1, März 2009, S. 5 – 18

Strawe, C.: Marxismus und Anthroposophie,
Stuttgart 1986

Strawe, C.: Freiheit: Gestaltungsprinzip des
geistig-kulturellen Lebens. Teil 1: Zur
Begriffsbestimmung des Geisteslebens, in:
SOZIALIMPULSE – Rundbrief Dreigliederung
des sozialen Organismus, 14. Jg., Nr. 3, Sept.
2003, S. 14 – 22

Strawe, C.: Sozialbindung des Eigentums. Das
Spannungsverhältnis zwischen dem § 903 BGB
und dem Artikel 14 des Grundgesetzes. In:
Sozialwissenschaftliches Forum: Eigentum – Die
Frage nach der Sozialbindung des Eigentums an
Boden und Unternehmen, Stuttgart 2000, S. 191
– 207

Stüttgen, J.: Ökonomie/Wirtschaftsleben, in:
Beuysnobiscum: eine kleine Enzyklopädie, hrsg.
von Harald Szeemann, Amsterdam – Dresden
1997, S. 269 - 281

Ulrich, P.: Das Großunternehmen als quasi-
öffentliche Institution, Stuttgart 1977

o.Verf.: ‚Wir stellen vor: die Aktion Dritter

Weg', in: CONTRASTE – Zeitung für Selbstverwaltung 7 / 1985, S. 3

o.Verf.: „Schaeffler streicht 5000 Jobs", in: TAZ – die tageszeitung vom 9./10.05.2009, S. 7

o.Verf.: Der grüne Kurs: Wahlplattform des ‚Achberger Kreises' zur Bundestagswahl 80. In: Wilfried Heidt (Hg.): Abschied vom Wachstumswahn, Achberg 1980, S. 171 - 204

Weder, D.J.: Neuer Kurs auf altem Pfad? In: BAUSTEINE – Zeitschrift für theoretische Ökonomie und soziale Frage, 9. Jg., (1985), Heft 1 / 2, S. 7 – 12

Wilken, F.: Praktische Überlegungen zur Neutralisierung des Kapitals, in: Soziale Zukunft, 3. Jg., (1958), Nr. 10 / 11 / 12, S. 138 – 140

Wilken, F.: Die Befreiung der Arbeit, Freiburg i. Br. 1965

Wilken, F.: Das Kapital, Schaffhausen 1976

Zeitschrift DIE DREI 2/2007: Die Zähmung des Geldes – Aufgaben einer modernen Kapitalwirtschaft

Autobiographische Notiz:

Michael Heinen-Anders, geb. 25.02.1960, zwei
Töchter, Studien als Wirtschafts- und
Sozialwissenschaftler,
Diplom-Ökonom (Berg. Uni Wuppertal) 1988,
lebt in Köln, dort ehemals Mitherausgeber einer
Literaturzeitung,1998 – 2000 wissenschaftlicher
Mitarbeiter beim Amt für Stadtentwicklung und
Statistik der Stadt Köln.
Weitere Tätigkeiten in den Bereichen
Wirtschaftsförderung, Sozialwesen und
Verwaltung.
Erstveröffentlichung: „Ich und Du – Fundstücke"
im De Holtes Verlag, Bruttig-Fankel, 2008.
Weitere Veröffentlichungen, u.a.:
„Selbsterfüllende und selbstzerstreuende
Insolvenzprognosen als Ansätze zur Erklärung
krisenverschärfenden Verhaltens – Ein
wirtschaftspsychologischer Beitrag zur
Finanzkrise" (Selbstverlag, Köln 2009).